habitación 17

Nombre de pluma:

Raphaël L. Marly

Pitch

En una ciudad asfixiante, un hombre regresa de Boston para enfrentar la inminente pérdida de su madre. *"Habitación 17"* explora la separación, la memoria y el amor filial. La habitación del hospital se convierte en el escenario de una comunión final entre madre e hijo, donde cada momento compartido se transforma en una reliquia preciosa contra el olvido.

¿Te gustaría una versión más poética o más directa para otro tipo de lector?

"En medio del invierno, descubrí dentro de mí un verano invencible."

—Albert Camus

Dedicatoria

A mi querido hijo Rémi, cuyo amor por su abuela brillará por siempre,

A mis nietos, Marcel, a quien mi madre tuvo la dicha de conocer, y mi dulce Alba, que crecerá bajo la mirada atenta de su estrella invisible.

Están todos unidos por este lazo eterno.

Agradecimiento

A quien creyó en mis sueños,

Que estos momentos compartidos y esta mano tendida nunca sean olvidados.

Contents

Capítulo 1
El alba de la despedida

"La vida es larga si se vive bien, y corta si se vive mal."

— Séneca

Apenas veinticuatro horas después de mi llegada desde Boston, aquel domingo se tornó sofocante, colmado de una emoción desconocida y de un calor agobiante que alcanzaba los 36 grados a la sombra.

La ciudad se extendía ante mí, un gigante inquieto que se agitaba bajo el peso de su propia historia. El aire se aferraba a mi piel, espeso de recuerdos—algunos míos, otros pertenecientes a las calles mismas—susurros de palabras no dichas que presionaban contra mis oídos. Lo que la vida intentaba comunicarme no despertaba en mí el deseo de escuchar, y habría desafiado cualquier intento de comprensión. La negación es el reflejo de la fe que cultivo—una fe nacida de las esperanzas de mi madre. Su amor feroz por la vida y la tenue esperanza de que pudiéramos retenerla entre nosotros. Ese "nosotros" que ella tanto amaba habitaba cerca de la superficie de su corazón, resonando con cada latido como un ruego silencioso contra el implacable fluir del tiempo. Cada recuerdo de ella llevaba consigo una permanencia que no podía borrar, impregnado del resplandor sereno de su sonrisa imperecedera. Y en esa sonrisa vislumbraba la promesa de un renacer—tan delicado como la luz del amanecer, pero imposible de vivir sin ella.

En una representación solemne, la vida nos abandona con la singularidad de una última y profunda exhalación, como un susurro que borra el lienzo del mundo que nos vio nacer. Los que permanecen—los vivos—sienten un escalofrío de temor ante la ausencia irreversible. Nuestra impotencia se queda en el silencio, un duelo no expresado por lo que ya se ha escapado—prueba de la impermanencia de la vida, sentida más que vista.

Con una serenidad desarmante, el alma se despoja suavemente de su vestidura terrenal. Había sido impermeable a mi ingenuo egoísmo. Mis súplicas no pudieron perturbar la serenidad con la que el alma ascendió. Esta separación inevitable es como un río silencioso que, indiferente a las tormentas que lo rodean, sigue su curso hacia el océano.

Capítulo 2
El eco del último aliento

"La vida no es la que uno vivió, sino la que uno recuerda y cómo la recuerda para contarla."

— Gabriel García Márquez

La separación que viví con tanta intensidad representa la contracara trágica de una realidad universal: el nacimiento, ese momento extraordinario acompañado de la alegría natural y radiante de la vida.

El primer aliento de un recién nacido marca no solo el comienzo de la existencia, sino también el primer acto de separación: una ruptura súbita e inevitable del cálido capullo del vientre materno, donde el calor cede paso a lo desconocido y frío. Es un paso, un grito agudo que rompe el silencio reinante y que, mientras celebra la entrada a este mundo, despierta una profunda nostalgia por el refugio perdido.

Luego, en el extremo opuesto de la vida, está la muerte: ese abandono definitivo, desgarrador y doloroso que nos arranca del eterno vaivén de la existencia. Es la separación final, que nos aleja del abrazo de nuestros seres queridos—un silencio que se impone tras el bullicio de risas y lágrimas. En este vaivén entre el nacimiento y la muerte, entre la alegría y el sufrimiento, se teje el hilo de nuestra humanidad, donde cada separación se convierte no solo en dolor, sino también en testimonio del amor que hemos conocido.

El espíritu vibrante de mi madre, entretejido con melancolía y estallidos de risa, la elevaba por encima del peso de su pasado—como un rayo de sol que atraviesa las nubes cargadas de tormenta. Sus sonrisas, radiantes y contagiosas, iluminaban los días más oscuros, mientras su risa resonaba como el viento entre las avenidas de mi memoria, impregnando cada instante con un toque de dulzura materna.

Y sin embargo, ante este destino ineludible—la frágil antorcha de nuestra igualdad compartida, una llama vibrante que pronto se apagaría en las sombras—me volví dolorosamente consciente de la absurda condición humana. En ese contraste tan marcado entre los impulsos de la vida y el silencio de la muerte, solo el recuerdo de su amor—tesoro inmutable—y su ternura infinita seguían inundando mi corazón con su luz reconfortante. Aunque se desvanecía, esa luz seguía siendo mi faro en la oscuridad, impulsándome a atesorar cada momento y a honrar la vida que ella me había dado. Y dentro de mí, su presencia perduraba—una estrella inquebrantable, brillando en la noche infinita de mi memoria.

A su manera, el momento fue ceremonial y solemne. Intuía que, para ella, así lo fue. Esa esencia ceremonial se manifestaba en la simpleza de estar a su lado—un lazo sagrado y silencioso que confería al instante una dignidad particular. También fue solemne por la aguda conciencia de que cada segundo que pasaba era precioso, cada latido medido por la callada letanía del tiempo finito. El sutil y embriagador perfume de lo efímero nos envolvía como una niebla delicada, recordándonos sin cesar que la vida, como un rayo de sol antes del crepúsculo, proyecta un resplandor suave antes de extinguirse.

Sabía que pronto la muerte llegaría—no como un ladrón, sino como una mano gentil, envolviendo su alma en el abrazo del crepúsculo y guiándola, con serena gracia, hacia la eternidad.

El silencio inquebrantable que se instaló entre nosotros se volvió difícil de soportar; era tan denso que parecía eterno. Sabía que sería el único testigo privilegiado de este adiós final—un momento cargado de gravedad, que el destino me había confiado. La antigua frase del francés antiguo cobró de pronto un significado profundo y conmovedor; al ofrecerme su despedida, ella se entregaba a mi memoria y me encomendaba a la bondad divina. Fue como si, en ese instante, santificara nuestro lazo, confiándome el recuerdo irremplazable de su presencia—uno que llevaría dentro de mí, por siempre.

Capítulo 3

El instante suspendido

"No se encuentra la paz evitando la vida."

— Virginia Woolf

Las palabras extraen la fuerza de sus significados de la experiencia; así nace el sentimiento de sus definiciones. Capturan las esencias sutiles de nuestras vidas, traduciendo emociones en estructuras tangibles. A través de ellas esculpimos los contornos de nuestra realidad, evocando con cada disposición el mosaico de nuestras vivencias. Las palabras, como caminantes, viajan a nuestro lado, moldeando los caminos por donde la vida nos conduce. Guías fieles, iluminan el laberinto de la existencia, cambiando y profundizándose con cada encuentro, con cada aliento compartido. Pintan los contornos borrosos de nuestros recuerdos y trazan los esbozos de sueños aún inexplorados. En la incesante pantomima de letras y sonidos, se convierten en guardianas de nuestra sensibilidad, enriqueciendo sin cesar las incontables historias que llevamos dentro. Así, con cada palabra dicha, con cada frase escrita, redefinimos nuestro mundo interior.

En este último aliento, una expresión antes tan natural parece desvanecerse, disipándose como un sueño al despertar. Apenas unos momentos antes, las palabras se deslizaban sin esfuerzo por el mar de nuestros pensamientos, listas para ser pronunciadas. Ahora, una pausa extraña—como un paréntesis silencioso, puntuado por tres puntos suspensivos que flotan, ingrávidos, como notas musicales detenidas en el tiempo. Pero ni siquiera ellas escapan al ritmo implacable de los segundos, que avanzan, inexorables, en un reloj afinado con precisión imposible. Ese tictac, como una canción de cuna, evoca la respiración constante de una madre—un ritmo que habríamos querido eternizar, pero que inevitablemente se apaga, dejando tras de sí un vacío sin sonido, un silencio absoluto.

En ese preciso instante, la vida de mi madre se escapa ante mis ojos; con una inmediatez desconcertante, una oleada de revelaciones me invade: el abismo dejado por la generación familiar que me precedía. Los recuerdos y las historias, largamente dormidos en los rincones de mi mente, emergen ahora con fuerza, trastocando las certezas que creía firmes. Cada mirada intercambiada, cada gesto ahora perdido, se filtra en mí. Una voz delicada, apenas un susurro, persiste como eco que se desvanece, marcando el momento como algo frágil, ya ido. Y en su ausencia repentina, un peso aplastante se posa sobre mis hombros, demasiado denso para sostener. En ese momento, separado de todo, sentí de pronto que algo cambiaba: era más abuelo que padre, y más padre que hijo. Cargaba dentro de mí el peso de los ancestros—sus sueños no cumplidos, sus arrepentimientos—como una carga invaluable, dolorosa y vital a la vez.

El tiempo, en medio de esta turbulencia, se retuerce y se estira;

emerge un ciclo ancestral donde los roles se entrelazan y se difuminan, trazando los hilos de espíritus evocados que se funden con el tejido actual de mi existencia. En este momento denso comprendí cuán tangible se había vuelto el vínculo con quienes se habían ido—como una telaraña invisible, que se extiende desde mis raíces en el pasado hasta el corazón de mi presente, aún intacta, incluso en medio de la tormenta de los adioses. El dolor se transforma en puente hacia lo desconocido. Allí aprendería a navegar entre las sombras del pasado y las promesas de un futuro incierto, buscando la reconciliación con el legado de quienes me precedieron.

Mis recuerdos de infancia están entrelazados con los latidos de mis abuelos. Los conocí cuando aún era un niño. A mis ojos de entonces, parecían eternos, engañado por la lentitud del tiempo, ya que cada instante se sentía como una eternidad—como observar fijamente la aguja de los segundos en un reloj, hipnotizado por esos movimientos apenas perceptibles que marcaban nuestros días soleados y tardes de lluvia. En esa burbuja de inocencia despreocupada, donde el tiempo parecía detenerse, el mundo a nuestro alrededor se cargaba de significado. Cada risa compartida, cada historia contada, flotaba sin peso en un espacio que se sentía a la vez fugaz y eterno, como si estuviera sellado por la magia del momento.

De una época a otra, los segundos son gemelos; percibidos a través del prisma de la inocencia, parecen más largos. Cada suspiro de un abuelo, cuyo refugio era su sabiduría y calidez, alimentaba nuestra imaginación. Esa del sueño, con sus velos ligeros, los hacía más llevaderos, convirtiendo las pruebas de la infancia en promesas de aventura y asombro. Así, mis recuerdos se convierten en testigos silenciosos de un tiempo que ya no existe—hitos de un viaje emocional que nunca dejaré de explorar.

Capítulo 4
A la sombra de la Room 17

"Y una vez que la tormenta haya pasado, no recordarás cómo lo lograste, cómo pudiste sobrevivir. Ni siquiera estarás seguro, en realidad, de si la tormenta ha terminado. Pero una cosa es cierta: cuando salgas de la tormenta, no serás la misma persona que entró."

— Haruki Murakami

El último aliento de mi madre congeló nuestro pasado compartido, sellando la historia familiar con la marca de su exhalación. Nuestro presente dejó de existir; la realidad se desmoronó bajo mis pies, dejando un abismo al que no sabía cómo descender. Su ausencia repentina se alzó como una sombra amenazante, un hito cruel que tiró con violencia del hilo de nuestra existencia. Su último suspiro, un suave susurro de despedida, me obligó a enfrentar un futuro sin ella—uno que se sentía árido, vaciado por la ausencia, con solo recuerdos dispersos para llenar el vacío y una nostalgia implacable que se aferraba a cada momento.

Sin ella, la vida adquiría un peso grave, opresivo, como si cada rayo de luz estuviera cubierto por un velo de tristeza. Ni siquiera sabía, a pesar de mis propios pensamientos, cómo definir ese peso, pues cada reflexión sobre su ausencia me alejaba aún más de comprender mi propio dolor. En ese instante, no sentía el menor deseo de seguir adelante, abrumado por la inmensidad del vacío y mi impotencia. El vacío implacable que dejó su partida bastaba para medir la profundidad de mi duelo—una marea de lágrimas que no podía contener, surgiendo para limpiar lo inexpresable en mí. Cada lágrima caía como un grito silencioso, un tributo al amor inmenso que ella nos había dado con tanta naturalidad—dulce e inquebrantable. Era un testimonio de lo que fue, mientras mi mirada se volvía hacia un horizonte envuelto en incertidumbre, un futuro desconocido y pesado por la pérdida. En esa oscuridad repentina, me encontré perdido—un náufrago en un océano turbulento, aferrado al recuerdo de una sonrisa protegida en lo más profundo de mi alma.

El niño que seguía siendo en su presencia se convirtió de pronto en huérfano, privado de su ancla familiar.

Sentí como si el tiempo mismo vacilara, reacio a avanzar. Aquel día, un domingo, tenía una clase de reverencia silenciosa. El cielo estaba bañado por una luz suave y cálida, como si el mundo también se detuviera a reflexionar. A las 6:40 a.m., la hora dorada en que la noche se convierte en día me golpeó con la fuerza de un rayo atravesando el silencio, rompiendo la ilusión de eternidad a la que me había aferrado. Ese día, 20 de agosto de 2023, el sol continuó su elegante ascenso matinal durante veinticuatro minutos más, como si supiera que faltaba un alma a la que iluminar.

Mi madre jamás habría faltado a esa cita. Sabía que Dios, ya instalado en Su silencio mucho antes de la primera oración, le ofrecería el consuelo precioso del Salmo 23, con el que siempre había estado tan en sintonía. En ese momento sagrado encontró un descanso silencioso—una oportunidad para reposar, buscando sin palabras la absolución que le otorgaría la paz. Era una esperanza de liberación, de un alma más ligera, en paz consigo misma y con un Dios misericordioso.

Mi madre era demasiado devota para ignorar los brazos abiertos del Creador y de Su Reino, donde el Eterno—si no lo había hecho ya—decidiría la elevación de su alma y el rumbo de su viaje espiritual.

Mi hermano, con una intuición tan rara como inquietante, había previsto el acontecimiento con una claridad asombrosa. "Se irá en el Día del Señor," anunció el día anterior, con un tono tan sereno que resultaba casi reconfortante. Su mirada, dividida entre la preocupación y la resignación tranquila, traicionaba una certeza extraña—como si leyera las páginas de un libro que solo él podía ver, lleno de verdades desconocidas para los demás. No pude evitar maravillarme ante el cumplimiento de su profecía.

La mañana anterior, mi hijo había venido a buscarme al aeropuerto de Burdeos, ansioso por llevarme junto a mi madre, que ya se encontraba sumida en un sueño profundo bajo los efectos de los sedantes.

Con mi hijo, el tiempo se desenvolvía en una paradoja desconcertante. Era demasiado breve para saborear de verdad su presencia, para sumergirme por completo en el momento frágil que compartíamos—una conexión nacida de una autenticidad desnuda. Y sin embargo, se alargaba insoportablemente; cada segundo pesaba como una cuenta atrás silenciosa iniciada por la sedación de mi madre, un paso necesario para poner fin a su sufrimiento. Esta etapa inevitable marcaba el final de una voluntad de vivir, ahora eclipsada por el misterio del infinito.

Capítulo 5

Susurros del pasado

"La verdadera generosidad hacia el futuro consiste en darlo todo al presente."

— Albert Camus

Apenas aparqué el coche en el estacionamiento subterráneo cercano al hospital, salí corriendo hacia la salida, seguido de cerca por mi hijo, en dirección a la puerta principal de la antigua clínica Francheville. Me aparté a un lado, dejándole guiarme hasta la habitación, aunque él eligió no ver a su abuela conectada a soporte vital. Con una sabiduría silenciosa, decidió aferrarse al recuerdo inolvidable de su último encuentro con ella, creyendo que era mejor conservar esa imagen suya, intacta ante la inevitabilidad de la pérdida. Las sonrisas que intercambiaron, un momento robado al tiempo, quedarían indeleblemente grabadas en su memoria. Un regalo invaluable para Mamá, que él eligió ofrecer interrumpiendo el flujo de su vida cotidiana. Esa vida cotidiana que demasiados de nosotros no nos atrevemos a interrumpir, privándonos así de esas horas esenciales, llenas de amor y humanidad.

Nos dejamos llevar por el pasillo frío y estéril, donde cada paso parecía cargado con el peso de emociones no dichas. La presencia del personal médico se sentía densa, su desapego practicado contrastaba brutalmente con la vulnerabilidad que experimentábamos en aquel espacio. Mi mano, posada en la manija de la puerta, hizo un movimiento lento hacia abajo y empujó suavemente la puerta que se abría hacia las horas de nuestros remordimientos. Mamá y yo estábamos a punto de enfrentarnos a ese momento, empezando por aquel en el que no habíamos llegado a tiempo. El tiempo que se nos escapó, el tiempo que yo habría querido pasar a su lado en esa habitación, la número 17, que me recordaba dolorosamente el día de su sedación.

Al entrar en la habitación, me envolvió un aroma a nostalgia, un suave eco del pasado. Esta idea un poco loca pero extrañamente reconfortante de retroceder en el tiempo se apoderó de mí como un antiguo susurro. Ver su rostro, sentir su cercanía, intercambiar esas palabras que solo la urgencia sabe invocar era un bálsamo que anhelaba desesperadamente.

En el silencio sagrado de la habitación, imaginaba su mirada, desbordante de ternura infinita—como un mar en calma, cuyas profundidades invitan tanto a la rendición como al descubrimiento, donde uno puede perderse y encontrar la paz al mismo tiempo. Esa mirada, una cuna reconfortante, me había acompañado, consolado y meció suavemente durante las tormentas de la existencia. Como un hilo invisible, me había guiado hasta el día en que las puertas del tiempo nos separaron. Hoy, en esta habitación, la sensación de su presencia era un abrazo suave, un recuerdo vivo.

Era como una realidad onírica, donde, por un breve instante, pasado y presente parecían fusionarse—cada palabra pronunciada cargada con el peso de tiempos antiguos, como si pudiéramos alcanzar a través de los años y hablar como lo hacíamos antes. Cuando mis ojos se posaron sobre ella, supe que mi propósito singular permanecería inalcanzable. Solo existiría la urgencia de mis palabras por ser dichas, palabras que ella acogería con la atención minuciosa de quien comprende su gravedad.

Su rostro, impregnado de serenidad a pesar de la urgencia, parecía absorto en una escucha profunda, una escucha que trascendía el lenguaje banal para tocar el alma. En este momento de intercambio silencioso residía todo lo esencial. Cada sílaba cargaba con el peso profundo de verdades no dichas, de comprensiones que solo podían comunicarse aquí y ahora.

Allí, en ese espacio reducido al momento presente, no se trataba solo de un intercambio de palabras sino de un encuentro de corazones, donde lo inexpresable finalmente encontraba su sentido.

El eco de su respiración llenaba el espacio, teñido de matices que trascendían el mero acto de respirar. Cada aliento ofrecía una imagen de su estado interior, una melodía tangencial a las palabras inarticuladas. Ella no solo escuchaba; se sumergía en el abismo de mis pensamientos, escudriñándolos con una atención casi instintiva.

Capítulo 6
Confidencias Eternas

"La vida es un fenómeno temporal, y la forma en que la vivimos es lo que la hace preciosa."

— Leo Tolstoy

No fue solo una escucha atenta, sino una verdadera conversación del alma, donde las palabras cedían paso a una intimidad palpable. En sus silencios, ricos de comprensión tácita, ella capturaba las emociones que yo luchaba por expresar, como una suave y íntima opalescencia—una luz interior que reflejaba lo que llevaba profundamente dentro.

Sus emociones emergieron, nacidas del entrelazamiento de nuestros intercambios, conectándonos más allá de las convenciones verbales. El espacio de esta habitación azul estaba lleno de complicidad tácita, donde cada gesto y cada mirada imaginaria se convertían en frases susurradas, testigos de una conexión que se tejía en silencio entre nosotros.

"Soy yo, Raphaël. Estoy aquí a tu lado, mamá."

Cuando estas palabras salieron de mis labios, se elevaron en el aire de la habitación como una invocación llena de esperanza. El momento pareció detenerse, un paréntesis final entre nosotros, suspendido en una presencia tan delicada y tierna como el eco que se desvanece de un dulce recuerdo. Con un gesto tierno, traté de tranquilizarla, de transmitirle la inmensidad de mi amor filial, de probar que esta distancia, aunque real, nunca podría borrar el poderoso lazo que nos unía.

En esta declaración simple y desnuda residía toda la fuerza de mis sentimientos, un grito quimérico destinado a atravesar el velo de la preocupación. Cada sílaba llevaba el peso de los días ya resueltos— de risas y lágrimas compartidas, tanto curativas como atemporales—reordenando la misma estructura del tiempo y del espacio para acercarnos una vez más.

Su mirada, un mar donde se mezclaban sorpresa y amor, parecía resonar al unísono con mis palabras. En este diálogo frágil, esperaba que ella percibiera la magnitud de mi presencia y que este "estoy aquí, mamá" se convirtiera en un puente entre nuestras almas, un refugio seguro ante la agitación del mundo, su mundo, nuestro mundo.

Esas palabras, por insignificantes que parecieran en ese momento, llevaban consigo el eco vibrante de un amor absoluto forjado a lo largo de los años. Cada letra resonaba como una declaración sagrada, llevando la expresión opresiva de los recuerdos, momentos fugaces y promesas incumplidas. Eran la culminación de una vida dedicada a comprendernos, a amarnos a través de las luchas silenciosas y las heridas que a veces nos infligíamos mutuamente—

actos no dichos de curación tejidos a lo largo de los años.

La desesperación, como una nube pesada, presionaba sobre nosotros, la impotencia de haber permitido que los malentendidos erosionaran nuestra comunión entre madre e hijo. ¿Cuántas veces intercambiamos juicios en lugar de intercambios sinceros? ¿Cuántos silencios dejamos que se asentaran, cavando un abismo donde la empatía debería haber florecido?

Mientras pronunciaba esas palabras, sentí una mezcla amarga de arrepentimiento y esperanza. La lucidez de nuestro viaje compartido me golpeó aún más intensamente; deseos mal expresados y expectativas incumplidas, todo lo que había formado nuestra relación, a veces con ternura, a veces con dolor. Sin embargo, en el corazón de esta complejidad, siempre brillaba la chispa de la conexión, este amor inalterable que nada podía borrar realmente.

"Tú no me conoces." Esta declaración, pronunciada con una fuerza devastadora, iba dirigida únicamente a mí. Fue una de las últimas perlas de sabiduría de mi madre, impactante y reductiva, una afirmación que golpeó como el repique de una campana. Marcaba una ruptura abrupta con el futuro que alguna vez soñamos compartir—una innegable realización de la distancia silenciosa entre nosotros, donde nuestras verdades permanecían invisibles, ocultas en los espacios que ya no podíamos cruzar.

Esta frase fue su forma de desprenderse de una narrativa que yo pensaba conocer de memoria, una narrativa entrelazada con pruebas y adornada con alegrías fugaces. Había atravesado tantas estaciones de su vida, un testigo atento desde mi infancia, pero esta sentencia me sumergió en un abismo de soledad y malentendidos.

Capítulo 7

El Colador de los Recuerdos

"La vida y la muerte no son más que una cosa, como el río y el mar."

— Khalil Gibran

Un velo se interpuso ante mis ojos, haciendo desaparecer las confidencias intercambiadas, los momentos de complicidad, para revelar una faceta de su existencia que ni sospechaba ni comprendía. Me encontré frente a una extrañeza, una profundidad de su ser que me eludía, una parte de su historia que me había resignado a ignorar. El dolor de ser excluido de esta narrativa me reflejó mi propia vulnerabilidad—un miedo silencioso, nacido de años de momentos compartidos, de que, a pesar de todo, me había convertido en un observador distante en el desarrollo de su realidad.

Quizás no; estas palabras no llevaban la exclusión que temía. A través de esta expresión concentrada de dolor, tal vez mi madre había cultivado la esperanza de que la acompañara, que a través de los giros y vueltas de sus pensamientos, pudiera extraer la esencia misma de su ser, esa profundidad que tanto había intentado revelarnos.

En esta búsqueda de autenticidad, ella quería compartir conmigo su mundo interior, ese lugar complejo donde coexisten aspectos oscuros y luminosos, pruebas difíciles y fuerzas resilientes. Cada sílaba, cada entonación, llevaba el peso de una lucha por articular lo que tan a menudo quedaba justo más allá de nuestro alcance—una verdad no dicha que ni las palabras ni el silencio podían capturar completamente. Después de tantos años, me lanzó un desafío: ver más allá de las apariencias, descifrar las capas de la existencia, abrazar esa vulnerabilidad que, paradójicamente, la había hecho tan fuerte.

Esta invitación, tan delicada como exigente, me ofreció la oportunidad de reconectar con su historia, de descifrar los silencios que habían tamizado nuestra relación. Así, detrás de las palabras severas, tal vez se encontraba la inmensa necesidad de un vínculo más auténtico y puro, un deseo de ser comprendida en toda su complejidad.

Su aprensión ante la vida y los demás era de una delicadeza excepcional, una sutileza que a menudo se ocultaba tras los estereotipos que usaba para protegernos. Al utilizar estas expresiones prefabricadas, ella se cerraba inadvertidamente, confiniendo también a los que amaba en narrativas simplistas, quizás por miedo a no estar lo suficientemente presente, a desvanecerse de la realidad de nuestras vidas como ella habría querido.

Ella se mantenía como un tótem familiar, congelada en el tiempo—

una encarnación de una historia que todos conocían de memoria, pero que había perdido su capacidad de evolucionar, quedando atrapada en el pasado sin espacio para crecer. Su imagen, sólida y reconfortante, nunca se volvió hacia lo desconocido del futuro; permaneció arraigada en el pasado, en esos recuerdos reconfortantes que preservaban nuestra unidad mientras cimentaban una distancia emocional.

Esta dualidad, entre su deseo de conexión y su incapacidad para dejar que el momento evolucionara, creaba una tensión pervasiva. A través de sus expectativas, trataba de arraigar nuestra historia, pero al hacerlo, arriesgaba privarnos de la promesa del futuro, de todo lo que podríamos haber construido juntos más allá de las sombras de su legado emocional.

La aprensión del futuro y su fase última se asentó suavemente, como una caricia fugaz, sobre la eternidad de lo que se había desvanecido. Cada respiración de vida perdida, cada acto de amor, dejó una huella indeleble—trazando el contorno de un recuerdo que, por mucho que estuviera profundamente grabado, seguía desvaneciéndose en la distancia, elusivo y justo fuera de alcance.

Capítulo 8
La Danza de las Sombras

"Solo hay dos cosas que debemos hacer en la vida: amar y
aprender a morir."

— Elisabeth Kübler-Ross

Este escalofrío ante lo inevitable rozó la belleza de los recuerdos,
revelando una duplicidad conmovedora. La anticipación del olvido,
la extinción de nuestros intercambios, rozaba los corazones como
una sombra tan fina como el ámbar, recordándonos que el amor,
aunque efímero, había logrado iluminar las partes más oscuras de
nuestra existencia. En esta pantomima del crepúsculo, el miedo a un
final inevitable se entrelazó con la gratitud de los momentos vividos,
preservando la frágil llama de las conexiones que, aunque
desvanecidas, dejaron una luz persistente—un resplandor callado
que perdura mucho después de que se apaga.

A través de esta aprensión, percibí no solo la fragilidad de la vida,
sino también la necesidad de honrar lo que había sido, de preservar
la esencia de los seres queridos dentro de los pliegues de mi
memoria. En los silencios pesados, en las miradas perdidas, el eco
de nuestros momentos compartidos aún resonaba, estrellándose
contra las paredes del tiempo, buscando trascender las iteraciones
del pasado para proyectarse hacia un futuro que no conocíamos.

Ella conjugaba el futuro con el pasado como si intentara contener un presente que siempre parecía escapársele. El pasado era su refugio, un santuario tranquilo lleno de una melancolía agridulce, donde buscaba refugio, sus pensamientos suavemente coloreados por el cálido tono nostálgico de recuerdos que nunca desaparecían por completo. Se perdía en estos fragmentos de ayer, reviviéndolos con una intensidad que contrastaba con un presente que luchaba por comprender completamente.

El futuro, por otro lado, la sumergía en un sueño despierto. Era un lienzo en blanco sobre el que proyectaba sus esperanzas y aspiraciones, un espacio de escape donde cada nueva idea cobraba vida en una danza imaginaria. Ella veía el futuro no como una secuencia lógica, sino como una promesa deliberadamente vaga y flexible donde todo seguía siendo posible.

Atrapada entre la melancolía del pasado y los sueños inciertos del futuro, tal vez buscaba llenar la dolorosa ausencia del presente—un vacío que permanecía tranquilo, justo fuera de su alcance. Este ir y venir entre lo que había sido y lo que podría ser revelaba una necesidad de encontrar sentido con el tiempo, un deseo de armonizar estas dimensiones para hacer que el presente finalmente fuera tangible y lleno de sustancia.

Su melancolía le otorgaba profundidad emocional, un abismo del cual extraía reflexiones para protegerse de los peligros de la ansiedad, la ansiedad de un futuro que, por su naturaleza, se le escapaba de las manos. En esta introspección, hallaba una forma de sabiduría, un refugio en los recuerdos cuidadosamente preservados, donde el tiempo parecía congelado, permitiéndole respirar más allá de las incertidumbres.

El presente, sin embargo, se revelaba como un adversario insidioso. Cada momento que se deslizaba entre sus dedos solo profundizaba su sensación de deambular sin rumbo, como si el tiempo mismo fuera una corriente que la alejaba cada vez más de donde deseaba estar. Se sentía atrapada en un cúmulo de preocupaciones, presa de un pánico silencioso, incapaz de encontrar su ancla en nuestra realidad presente. Esta desesperación no dejaba espacio para la serenidad del momento, y en esta incapacidad de conectar, se convirtió en espectadora de su propia vida.

Capítulo 9

Los Guardianes del Amanecer

"La muerte es tan segura que uno podría incluso decir que no debería impedirnos vivir."

— Marcel Proust

El pánico causado por la erosión de ese vínculo la impulsaba a expresar pensamientos apresurados, a reaccionar impulsivamente. Las palabras llegaban como fragmentos de vidrio: a veces afiladas, a veces desordenadas, resultado de un razonamiento guiado por una ansiedad difusa. Este fenómeno convirtió nuestra relación en un campo de batalla delicado, donde cada intercambio era como caminar por un campo minado: cada interacción cargada de tensión, como si una sola palabra pudiera romper nuestro frágil equilibrio.

Así, entre la melancolía que la protegía y una realidad que se le escapaba, ella navegaba en un mar turbulento de emociones contradictorias, buscando desesperadamente un puerto donde anclar: un lugar donde la autenticidad y la comprensión pudieran, por fin, calmar la agitación de su corazón.

Mamá tenía una forma fascinante e intrincada de leer el mundo, hecha de pensamientos íntimos y de la historia que había construido pacientemente a lo largo de los años. Cada elemento de ese marco cargaba consigo fragmentos de recuerdos, sueños no cumplidos y antiguos dolores. A través de esa compleja red, filtraba el mundo, descubriendo verdades ocultas tras nuestras máscaras, tras nuestras fachadas.

Nos conocía más profundamente de lo que nosotros mismos nos comprendíamos. En su mirada vivía una intuición inquietante, un saber que desmontaba nuestras certezas. Cada destello de su sonrisa, cada sombra en sus ojos, revelaba su capacidad para ver más allá de las palabras, para atravesar las apariencias y alcanzar la esencia misma de nuestras almas. Captaba las sutilezas de nuestras emociones, esas vibraciones pequeñas que a veces ni nosotros sabíamos expresar, transformando nuestro silencio en un lenguaje fluido de empatía.

Sin embargo, en ese saber sobre nosotros había una paradoja. A pesar de su profunda intuición, seguíamos siendo prisioneros de nuestras propias interpretaciones. Nos costaba darnos cuenta de la atención que ponía en cada gesto y cada palabra, del amor que expresaba de ese modo. A veces, sus cuidados nos parecían insignificantes, invisibles dentro de nuestras propias preocupaciones. No lográbamos ver la profundidad de lo que ella percibía y entendía.

Esa red de pensamientos se convirtió en un lazo invisible entre ella y nosotros, una conexión que nos unía y a la vez nos formaba. Y a través de su mirada, resonaba un llamado: un recordatorio constante de que, incluso en nuestros extravíos, ella estaba ahí, paciente y vigilante, lista para acogernos con la comprensión de una madre que ha visto tanto, que ha acompañado cada paso nuestro en el frágil hilo de la existencia.

El día 17. Ese día no fue postergado indefinidamente: quedó grabado en nuestras memorias, permanente e inquebrantable. Marcó un punto de inflexión, brillando con una luz especial, sin perderse en los laberintos del tiempo. El reloj médico, implacable y sordo, no podía contener la respiración, consciente de la importancia de cada momento que pasaba con una intensidad casi palpable.

Una confrontación cara a cara con el destino se instaló silenciosa, inevitable. En lo profundo de ese encuentro, imaginé que cada segundo tejido entre nosotras se convertía en un hilo de oro, uniendo dos almas perdidas en la tormenta de sus emociones. Mamá y yo hablamos a través de una pantalla brillante: una videollamada que, a pesar de su frialdad tecnológica, acortó la distancia de una forma íntima e inigualable. Su rostro, bañado por una luz suave y etérea, irradiaba una sabiduría tranquila, reflejo de su dulzura y resiliencia. Cada palabra intercambiada fue una ofrenda sagrada, un compartir de pensamientos que, aunque breves, llevaban el peso de los años y las confesiones nunca dichas. Mi corazón latía al ritmo de esa conversación, intentando atesorar cada sílaba, cada silencio lleno de sentido.

En ese diálogo, navegamos por olas de emociones que iban de la melancolía a la esperanza. Cada frase nos acercaba, como un intento de reconciliación con el pasado: una súplica silenciosa y urgente por comprensión mutua. Ese día, el horizonte de nuestra relación se iluminó, incluso en el crepúsculo, revelando un camino hacia la aceptación, donde las palabras, aunque torpes, se volvieron puentes hacia una intimidad renovada.

Esa llamada precedió a lo que la llevaría a una etapa de soledad, como una crisálida eterna. En ese estado suspendido, el tiempo parecía desenredarse, desvanecerse en lo inmaterial, como una respiración contenida. En ese instante frágil, mientras la distancia entre nosotras se agrandaba, me quedé frente a ella, mi corazón desplegándose en silencio en una despedida no pronunciada.

Las palabras se quedaron atascadas en mi garganta, nacidas de una tristeza muda que se infiltraba en cada pensamiento. Lágrimas púrpura, brillantes como rubíes, se escaparon de mí, revelando la sacralidad de ese momento en que todo se reducía a lo esencial. Ese secreto, ese último suspiro de amor, se volvió una necesidad. "Te amo, mamá", susurré, con la voz temblorosa como una hoja de otoño llevada por el viento.

Ella me miró intensamente, rodeada de mis hermanos, más presente que nunca. Era como si su alma nos envolviera a todos, una última vez. En sus ojos había luz, no la de una estrella que se apaga, sino la de un amanecer que se entrega. Sin necesidad de palabras, comprendimos lo que intentaba decirnos: "Todo está bien, hijos míos. Ya no tengan miedo."

Este espacio compartido estaba destinado a tranquilizarla a ella mientras me enfrentaba al desafío del tiempo. El tiempo, ahora un reloj de arena, se manifestaba ante mis ojos: la cantidad de arena era invisible, pero su flujo era perceptible, una corriente implacable que me recordaba la inevitabilidad de nuestro viaje. Cada grano de arena, cada minuto que pasaba, no solo marcaba el cierre de un capítulo, sino también el despertar de una conciencia más profunda: el amor duradero e incondicional que nos unía para siempre.

Entre el momento presente y el recuerdo, aprendí a abrazar cada emoción, a aceptar la amargura de la realidad. Mientras comprendía que cada instante compartido era un tesoro, me dejaba mecer por la tranquilidad de nuestra conexión, esperanzado con un milagro escondido en los intersticios de lo invisible, quizás incluso un último reflejo de luz proyectando una imagen a contraluz de nuestras vidas entrelazadas.

Así, en la Habitación 17, envueltos por la noche, inscribimos nuestra historia en el gran libro de la existencia—iluminando el acto final de nuestro viaje compartido con la suave radiación de una fe que, a pesar de todo, perdura.

Una cruz de madera de olivo, tallada en Belén, la ciudad natal del

Hijo, encontró refugio en la palma de mi mano izquierda. Este símbolo, lleno de significado y misterio, compartió todas mis noches durante meses, incrustándose en el tejido de mis pensamientos, y durante el día, rara vez me abandonaba. Se había convertido en una presencia reconfortante, un talismán contra la ansiedad, el dolor y el olvido.

Aún no comprendía que ella y yo caminaríamos juntos bajo la sombra de Mamá—que nuestros caminos se entrelazarían de forma tan profunda, forjando un vínculo extraordinario y místico, una conexión más allá del tiempo. Con cada momento a su lado, sentía un lazo más intenso, un equilibrio precario pero poderoso, moldeado por el amor, la memoria y esa sensación de trascendencia que la cruz parecía evocar.

En los momentos de duda, cuando la incertidumbre pesaba demasiado sobre mí, la buscaba—deslizaba mis dedos sobre la cálida madera como si intentara recordarme que la fe puede manifestarse en las formas más inesperadas. Esta cruz, portadora de una historia rica en símbolos, se volvió testigo silencioso de nuestro viaje. Expresaba la fuerza de nuestros lazos, uniendo nuestro amor con aquel que trasciende el tiempo y el espacio.

Cuando estaba con Mamá, la cruz se convirtió en el hilo de Ariadna que finalmente unía nuestras existencias, enlazando su historia con la mía e invitándonos a explorar la profundidad de nuestra relación.

Cada silencio compartido se alimentaba de este poder simbólico, otorgando un significado excepcional a nuestra presencia, trascendida por la existencia de esta cruz.

A través de esta unión sagrada, comprendí que el amor, en su forma más pura, tiene el poder de elevarnos más allá de nuestras pruebas—irradiando una luz suave e inquebrantable, incluso en lo más profundo de nuestros momentos oscuros. La cruz, entonces, se convirtió en símbolo de nuestra resiliencia compartida, un recordatorio de que todo sufrimiento puede transformarse en fuerza y que cada obstáculo en nuestro camino es una oportunidad para crecer juntos, de la mano, corazón con corazón.

Anticipé el amanecer desde el momento en que el crepúsculo se desvanecía, prediciendo sin sorpresa la promesa de una noche en vela, una sensación latente. Embriagado por ese crepúsculo cómplice, me dejé llevar por la fragancia de los recuerdos, los susurros de horas pasadas, como un eco lejano. Cada estrella, brillando como una joya olvidada, vigilaba—su luz atravesando la oscuridad, resguardando mis pensamientos inquietos.

La bóveda celeste, vasta e impenetrable, me confrontaba con mis reflexiones, invitándome a sumergirme en una introspección sin fondo. Las horas me rodeaban, insidiosas y caprichosas, tejiendo un tapiz inquieto de ansiedad y esperanza—como si la noche misma conspirara para profundizar el silencio de mis pensamientos. Supe entonces que el sueño, ese compañero esquivo, no me ofrecería esta vez su abrazo apacible.

Un mundo despierto se distinguía por su claridad, mezclada con oscuridad. Cada sombra era una advertencia, cada aliento un recuerdo persistente. A veces, la sombra de un sueño fugaz pasaba rozándome. Lo inaccesible entonces tomaba forma, solo para desvanecerse con el contacto de la realidad. Me quedaba el sabor amargo de lo inconcluso. Me aferraba a esa lucidez vigilante, a la vez salvadora y tortuosa, preparado para acoger el día que, inevitablemente, disiparía mis contemplaciones nocturnas.

Cada exhalación retenía mi propio aliento, atrapado en la espera inquieta de la siguiente inhalación. Ese ritmo frágil, marcado por el latido febril de mi corazón, daba a la noche un tempo desarticulado—extendiéndose interminablemente en la oscuridad. Cada segundo se aferraba al anterior como si el tiempo mismo dudara, flotando en un éter espeso, donde la realidad se volvía suave y maleable, cediendo ante mis ansiedades.

En ese intervalo entre dos respiraciones, era a la vez vulnerable y consciente, despierto ante la profundidad de la existencia que se desplegaba bajo mis párpados cerrados. El aire, cargado con los aromas de la noche, parecía infiltrarse en mí para nutrir mis reflexiones, alimentando un fuego de pensamientos ardientes que anhelaban cobrar vida. El crepúsculo se erguía como testigo silencioso de mi agitación interior, grabando en su profundidad el contraste entre el peso asfixiante de la incertidumbre y el deseo doliente de elevarme por encima de ella.

Era un ballet de ansiedad y esperanza, donde cada respiración imponía una pregunta sin respuesta: ¿qué oculta esta oscuridad? ¿Qué promesas podrían surgir, brillantes, cuando la luz decida atravesar las sombras? La tensión, espesa e innegable, se filtraba en cada fibra de mi ser—un recordatorio contundente de que, en este mundo efímero, el aliento y el alma eran inseparables, arrastrándome hacia lo desconocido, lo inexplicable.

Sus exhalaciones amenazaban su partida, como las olas vacilantes de un océano caprichoso, mientras sus inhalaciones me daban una fugaz sensación de promesa, una chispa de vida aferrada a la esperanza. Esta ilusión, dulce pero cruel, contrastaba con la realidad de su estado—oscura e implacable. La desesperación por su partida ahora había sido programada, medida en horas por los engranajes rígidos de una máquina médica, orquestando una sinfonía oscura a través de la combinación química de un potente ansiolítico. Los cartuchos, entregando su flujo preciso e inquebrantable, dictaban una espera de seis horas entre cada inyección—midiendo el tiempo restante con certeza mecánica, una cuenta regresiva implacable.

Las pequeñas dosis de morfina que recibía después de cada espasmo proporcionaban un alivio mezclado con un dolor insoportable. Era como una alquimia trágica, donde el cuerpo, al expresar su sufrimiento, revelaba verdades profundas que yacían bajo una aparente calma. Cada movimiento, cada espasmo, era una traición de la ansiedad que la consumía, un ballet en el que se veía forzada a participar, sin poder elegir la música. Aunque alejada de mí, su lucha era tan tangible como elusiva—un drama silencioso de intensidad insoportable. Solo instantes fugaces de lucidez permitían vislumbrarlo, revelando el eco callado de su resistencia contra lo inevitable.

En esta tensión cargada de emociones, me enfrentaba a lo absurdo de la vida, a la fragilidad de la existencia—un hilo tenso que oscilaba vacilante entre el aliento y la "nada". Cada minuto se convertía en un pensamiento, un grito ahogado en los rincones de mi mente, bloqueando el deseo de claridad frente a la oscuridad inevitable de su destino.

El sueño y yo librábamos una lucha en la que cada latido de mi corazón se alzaba como un lamento de rebelión contra el deseo de rendirme a los brazos de Morfeo. Como un repentino estallido de vida esperada, la adrenalina—salvaje e indomable—subía por mí como una vid incansable, obligándome a un estado de vigilia electrificada. Palpitaba dentro de mí, desafiando al sueño, dándome la ilusión de vitalidad que solo las circunstancias permitían, mientras cada minuto se deslizaba lentamente, forzándome a permanecer presente, a luchar contra el olvido.

Sin embargo, en esta lucha feroz, comprendí que mi vigilancia no era tanto una conquista como el acompañamiento de un último suspiro. Al velarla, montaba guardia a través de la noche—presenciando los movimientos inquietos de su sueño, su fragilidad expuesta en la angustia silenciosa de su presencia que se desvanecía. Cada movimiento de su cuerpo, cada respiración tomada en la vacuidad del tiempo, era un homenaje a la tenacidad misma de la vida, incluso cuando todo parecía desvanecerse.

Su latido, desligado de cualquier noción de lo que ocurría, seguía un ritmo que mezclaba desesperación con esperanza, arrastrando mis pensamientos por meandros turbulentos. La adrenalina me ofrecía una falsa sensación de control, mientras que en realidad, me convertía en el testigo impotente de una batalla con contornos definidos. La luz de la razón parpadeaba, debilitándose bajo el peso de la preocupación, mientras la oscuridad reclamaba lentamente el espacio que habitábamos.

Persistí en esta vigilia, al borde de la vigilia y los sueños, consciente de que incluso si el sueño me eludía, ofrecía, a su vez, la posibilidad de descubrir otra forma de intimidad, una comunión entre dos almas mirando al infinito del momento.

Los segundos, los minutos y las horas pasadas con ella adquirieron un valor sin precedentes, cada uno erigiéndose como un tesoro raro dentro del río insaciable del tiempo. Era como si cada instante pudiera aferrarse al escenario de la eternidad, tomando una dimensión particular en la melancolía que nos envolvía. Percibía cada aliento, cada movimiento delicado, como un gesto sagrado que honraba piadosamente nuestra realidad compartida.

En ese lugar que se había convertido en un santuario de momentos tiernos, donde lo ordinario, la monotonía de la vida diaria desaparecían, medía el peso de esos instantes como quien evalúa piedras preciosas, revelando facetas que brillaban bajo la mirada del amor tembloroso.

El presente fluía como una fragancia impermanente, impregnando la habitación con una presencia misteriosa, a la vez dulce y amarga, donde la urgencia del momento confirmaba la vulnerabilidad de la existencia. Los recuerdos se entrelazaban, creando un tapiz de imágenes tiernas y conmovedoras, una narrativa de muchas voces donde el pasado se mezclaba con la inminente partida.

Así, esos momentos, preciosos y densos, tomaron la forma de tesoros enterrados en los rincones de mi memoria, testigos de un amor que, aunque amenazado, seguía brillando en la creciente oscuridad. Atesoraba el vínculo insustituible que compartíamos, aprendiendo a reconocer la luz callada que aún podía emerger, incluso desde lo más profundo de la noche.

Como una capuchinada, esta prueba esperada, iniciada por el susurro del destino, eleva nuestra relación con el tiempo y las personas que amamos a otro nivel. En esta claridad brutal, lo trivial se transforma en lo insignificante, mientras lo esencial, como un fénix, se ilumina en la experiencia vivida a su lado. Los otros, aquellos cuya presencia embellece nuestra existencia, se revelan como estrellas brillantes en una noche sin luna, destacándose con claridad deslumbrante en la sombra que nos rodea.

Capítulo 10

La promesa de las estrellas

"La vida es tanto un sueño como una realidad, y la muerte es el fin del sueño."

— Virginia Woolf

Esta comunión en la profundidad del momento nos empuja a reconsiderar cómo valoramos nuestros intercambios: las risas compartidas, los silencios cómplices... todos ellos adoptan una nueva forma, una resonancia que desmantela la ilusión de la eternidad. Cada mirada se volvió un voto silencioso, cada gesto un testimonio de amor, enraizando nuestros recuerdos en el fértil suelo de nuestros corazones.

A medida que el tiempo fluye, comprendo que la esencia del amor no se reduce a la suma de encuentros, sino que se expresa en la riqueza de las emociones vividas y en la unión de las almas. Las promesas, tantas veces repetidas en vano, pierden su peso ante la realidad de los momentos compartidos, transformando la rutina en asombro. En el fulgor de lo efímero, aprendemos a valorar cada suspiro, entendiendo que incluso la fragilidad puede albergar una fuerza inesperada.

Así, mientras la vida se despliega, construimos puentes hacia aquellos a quienes amamos, trascendiendo las trivialidades del día a día. Esta percepción renovada del tiempo, iluminada por el amor, convierte cada interacción en un gesto de autenticidad—redefiniendo prioridades, arrasando con lo insignificante y revelando la callada e indiscutible belleza de lo que realmente importa.

El amor terrenal de mi madre se estaba transformando, manifestándose en nuevas formas, como si su alma necesitara reinventarse. Mi sensibilidad reflejaba la delicadeza de las alas de una mariposa, listas para dejarse llevar por la brisa más suave. Cada segundo a su lado estaba impregnado de una intensidad particular.

La expectativa de vida de mi madre se había convertido ahora en una realidad "lepidóptera", evocando la belleza fugaz de las mariposas que se admiran por un instante antes de alzar el vuelo. Este término, cargado de significado y emoción, me recordaba que cada día tenía un valor único que debía saborear en lugar de dar por sentado. En medio de esta tormenta, la vida adquiría un sentido tangible, cada instante se convertía en un escaparate de nuestro vínculo irrompible.

Esta transformación de nuestra intimidad era una invitación a apreciar la ternura en la vulnerabilidad, a sumergirse en la profundidad de cada gesto, cada palabra. El presente contenía al pasado, testigo de nuestras risas y confusiones compartidas. De pronto, todo adquiría un sentido profundo y poderoso. El tiempo se curvaba a nuestro alrededor, enseñándome a ver el amor con una nueva mirada—a abrazar su naturaleza fugaz y a atesorar cada momento de su presencia.

Así, me esforzaba por capturar estas perlas de vida—la esencia de un amor que, a pesar de los trastornos, seguía creciendo y evolucionando, envolviéndome en una calidez y profundidad infinitas. En este espacio, aprendía no solo a amar, sino a apreciar cada aliento, cada chispa de vida que iluminaba el final de nuestro camino.

El espacio entre la vida y la muerte se volvía tan perceptible como el Paso de Drake o el Paso del Noroeste—donde el Pacífico y el Atlántico parecen no mezclarse en la superficie pero se funden en sus insondables profundidades, uniendo sus aguas en un lazo invisible. Una corriente profunda, una marea silenciosa que fluye de un océano al otro—tal como mi madre, en su pequeña habitación celeste, se deslizaba suavemente del mundo tangible hacia el abrazo de lo invisible. Cada latido, cada respiración, era un paso más hacia esta transición inminente, casi imperceptible, pero inevitable.

Poco antes de las 6 a.m., la noche empezó a ceder ante el amanecer. Me levanté antes de que rompiera el día, plegando el catre que amablemente me habían preparado la noche anterior. El sueño apenas me había tocado, y la ducha rápida que me di se sintió más como un ritual de despertar que como una verdadera necesidad. El agua fría corría sobre mi piel como para recordarme la realidad mientras mis pensamientos seguían fijos en la cama donde ella yacía—la promesa de un nuevo día no era más que un susurro tenue.

Durante mi breve tiempo en el baño, tuve que separarme momentáneamente de la cruz de madera de olivo redondeada que siempre mantenía apretada en la palma de mi mano. Sin saber dónde colocarla, hablé con mi madre en un murmullo suave, explicándole con ternura mis intenciones—como si buscara su guía silenciosa.

—Mamá, voy a dejar la cruz justo al lado tuyo, sobre la almohada.

La imaginé velando su rostro dormido, como una reliquia protectora, mientras visualizaba al Arcángel Rafael inclinándose sobre ella, salvándola de su sufrimiento y concediéndole alivio, una prórroga de vida. Pero no vino, aunque tanto lo anhelábamos.

—Mamá, dejo la cruz a tu lado, en la almohada, mientras me ducho. ¿Te quedarás conmigo, verdad?

Sí, le hablaba durante esa noche sombría y dura como si mis palabras pudieran tejer un lazo entre nosotras—una oración apenas callada al cielo para que me la dejara un poco más. Cada palabra era como un hilo que unía el presente con la eternidad, la esperanza con la resignación, un diálogo frágil pero esencial para atravesar la noche.

Cada segundo, cada minuto fugaz, parecía adquirir una importancia monumental. El tiempo se había encogido, fracturándose en fragmentos preciosos. Cada momento se volvía una fuente de angustia, y cada oleada de angustia se solidificaba en inevitabilidad. Parte de mí se rendía ante esta verdad ineludible, mientras la otra se aferraba con desesperación a la creencia frágil de que donde hay esperanza, todavía hay vida. Esta desgarradora dualidad me acompañaba en cada aliento, cada pensamiento, cada mirada hacia ella.

—Mamita, voy a doblar ahora la manta y las sábanas.

Estas palabras simples, cotidianas, llevaban una solemnidad extraña en el silencio de la habitación. Cada acción, cada palabra, se volvía una ofrenda—una oración para mantenerla atada a este mundo un poco más.

No esperaba tener que girarme tan rápido como el viento, interrumpiendo el acto de doblar la manta azul marino. Su respiración parecía haberse detenido una vez más—un aliento suspendido como una cuerda tensa, seguido de una exhalación que no fue un jadeo sino profunda, casi interminable, como si se despidiera. Soltó su último aliento, renunciando a cualquier futura inspiración. Fue un momento de intensidad abrumadora, un punto en el que el tiempo pareció congelarse en un abismo de dolor.

La experiencia consumió todo mi ser, abrumándome con dolor al enfrentar el peso total de la frase "dar el último suspiro." Palabras que tantas veces había escuchado sin sentir verdaderamente su profundidad ahora cargaban una realidad terriblemente palpable. Con cruel sencillez, llevaban el peso de la verdad—la innegable realidad de este paso, la pérdida irremplazable de una presencia amada.

Fue como si el alma de mi madre, habiendo cumplido su recorrido terrenal, se hubiera liberado para unirse a un reino invisible, dejando tras de sí un vacío inmenso e inconmensurable.

Sobre el autor

Desde los albores de mis diecisiete años, el deseo de escribir ha estado siempre presente, como un aliento vital. Como Raphaël L. Marly, siento en lo más profundo de mí un impulso irresistible de contar historias, reavivado por la partida de mi madre. Su ausencia abrió una grieta en mi alma, empujándome a transcribir emociones y recuerdos, a dar voz a lo que permanecía inexplorado. En esta búsqueda a través de la escritura, he encontrado refugio, una forma de honrar su memoria y de explorar los recovecos de mi propio ser.